Responsable éditoriale : Juliette de Lavaur
Responsable de projet : Adélaïde Lebuy
Graphiste : Glen Le Boulicaut
Adaptation française : Emmanuelle Caussé
Mise en page : SKGD-Création
Fabrication : Anne-Laure Soyez

Disney

LA REINE DES NEIGES II

hachette
JEUNESSE

Lorsqu'elles étaient petites, Elsa et Anna adoraient écouter les histoires que leur racontait leur père. Agnarr, le roi d'Arendelle, leur dit un soir :

– Dans le Nord, les Northuldra, un peuple nomade, vivaient en harmonie avec les Esprits de la Nature. En signe de paix, les Arendelliens firent construire un barrage pour relier leurs terres. Mais un jour, une guerre éclata entre les deux clans. Furieux, les Esprits emprisonnèrent la Forêt Enchantée dans un brouillard impénétrable…

Cette histoire suscita beaucoup de questions chez Elsa et Anna. Pour les endormir, la reine Iduna leur chanta une berceuse qui parle d'Ahtohallan, une rivière légendaire qui détient les réponses aux mystères du passé.
– Tu crois qu'Ahtohallan sait pourquoi j'ai des pouvoirs ? lui demanda Elsa.
– Oui, sans doute, lui chuchota sa mère. Et bien d'autres choses encore…

Cette nuit-là, une aurore boréale illumina le ciel.
Aussitôt, Anna bondit hors du lit :
– Elsa ! Le ciel est réveillé, et moi aussi.
Allons jouer !

Les années ont passé… Après la mort d'Agnarr et d'Iduna dans un naufrage, Elsa est devenue reine. Anna la soutient, et les deux sœurs veillent l'une sur l'autre. Elles sont entourées d'Olaf qui a appris à lire, et de Kristoff, l'amoureux d'Anna. Encouragé par Sven, son renne, le jeune homme veut demander Anna en mariage…

Un soir, Elsa, Anna et leurs amis se réunissent
dans la bibliothèque du château pour jouer aux mimes.
Kristoff fait équipe avec Olaf.
– Licorne ! Théière ! crie-t-il en devinant toutes
les propositions du bonhomme de neige.
Lorsque Sven sonne la fin de la manche, Kristoff exulte.

C’est maintenant au tour des deux sœurs, mais Elsa n’arrive pas à mimer. Elle semble ailleurs…

– Je suis fatiguée, s’excuse-t-elle en quittant la pièce.

Elsa se réfugie dans sa chambre. Depuis quelque temps, une voix qu'elle est seule à entendre l'appelle, cherchant à l'attirer hors du royaume.

– Tu portes le châle de Maman, remarque Anna en la rejoignant. Tu le mets quand quelque chose ne va pas… Que se passe-t-il ?

– Rien, ment Elsa pour ne pas inquiéter sa sœur.

Au cours de la nuit, Elsa est réveillée par la mystérieuse voix. Partagée entre la peur et la curiosité, elle la suit dehors, jusqu'au fjord. Elle répond à l'appel en chantant et en utilisant sa magie. De ses doigts s'échappent alors des flocons formant des images qu'elle n'avait jamais vues avant : une forêt, des rennes, une jeune fille et un garçon…

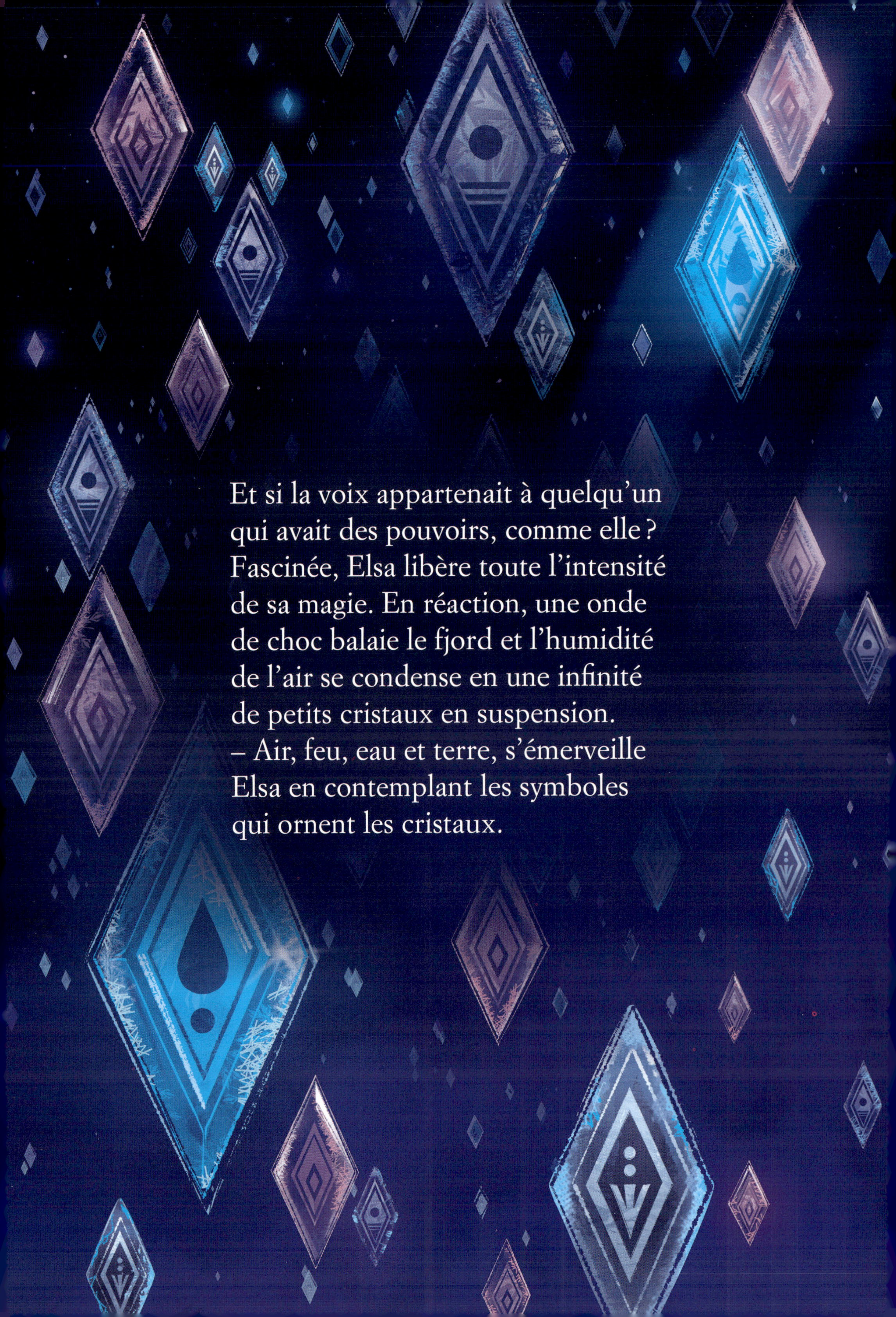

Et si la voix appartenait à quelqu'un qui avait des pouvoirs, comme elle ? Fascinée, Elsa libère toute l'intensité de sa magie. En réaction, une onde de choc balaie le fjord et l'humidité de l'air se condense en une infinité de petits cristaux en suspension.

– Air, feu, eau et terre, s'émerveille Elsa en contemplant les symboles qui ornent les cristaux.

Réveillée à son tour par l'onde de choc, Anna sort sur le balcon. Elle aperçoit les cristaux dans le ciel, et sa sœur qui se tient près du fjord.

Elsa se retourne. À l'instant où son regard croise
celui d'Anna, une lumière aveuglante surgit du Nord,
précipitant les cristaux sur le sol.
Affolée, Elsa court jusqu'au village.

Tandis que les cristaux se brisent, les fontaines d'Arendelle se vident, les feux s'éteignent, le vent se déchaîne et la terre se met à trembler. Elsa retrouve Kristoff et Anna. Ensemble, ils évacuent les habitants hors du village.
– J'entends une voix, avoue Elsa à Anna, une fois en sécurité.
– Qu'est-ce qu'elle te dit ? la questionne sa sœur.

– Elle m’a montré la Forêt Enchantée, répond Elsa.
Soudain, les trolls de la montagne dévalent le col.
Grand Pabbie, leur chef, explique à Elsa que les Esprits de la Nature sont en colère :

– Allez vers le Nord, dans la Forêt Enchantée, et découvrez la vérité. Nous veillerons sur les villageois.
En retour, Anna promet à Grand Pabbie de protéger Elsa.

Dès l'aube, Elsa, Anna, Kristoff, Olaf et Sven rassemblent leurs affaires dans le traîneau du jeune homme.
Laissant Arendelle derrière eux, ils commencent leur voyage vers le Nord et l'inconnu…

Bientôt, le petit groupe aperçoit le Palais de glace qu'Elsa a construit trois ans plus tôt.
– Saviez-vous que l'eau a une mémoire ? intervient Olaf.
Depuis qu'il a appris à lire, le bonhomme de neige adore partager ses découvertes.
– Et saviez-vous que les hommes ont six fois plus de chances de se faire foudroyer que les femmes ?
Désolé, Kristoff !

À l'aube, Elsa arrête le traîneau.
– La voix m'appelle, déclare-t-elle. Nous sommes arrivés.
Non loin de la route se dresse un mur de brouillard scintillant.
– La Forêt Enchantée se trouve juste derrière, indique Elsa en guidant ses compagnons.
Kristoff tente de traverser le mur, mais une force mystérieuse le repousse.
Résolue, Elsa prend la main d'Anna et s'avance.

Tout à coup, la brume se dissipe pour les laisser entrer.
Elle dévoile également de grands menhirs ornés des symboles des quatre éléments : l’eau, le feu, la terre et l’air.
Elsa et ses compagnons ont à peine le temps de contempler les monolithes que le brouillard se referme et les pousse en direction d’une clairière.

Olaf touche la brume derrière eux et rebondit contre la paroi redevenue opaque.
– Apparemment, on ne veut pas qu'on sorte d'ici, constate Kristoff.
– Quelle beauté ! s'exclame Elsa en contemplant les couleurs de l'automne, illuminées par les rayons du soleil.
Plus loin, Anna découvre un grand barrage. L'histoire que leur racontait leur père était donc vraie !

Pendant ce temps, Olaf s'est éloigné.

– Anna ? Elsa ? appelle-t-il.

Personne ne lui répond. À présent, la Forêt lui semble inquiétante, surtout quand la terre s'ouvre devant lui !

– Il y a quelqu'un ? crie le bonhomme de neige en se penchant au-dessus du gouffre.

En guise de réponse, des étincelles embrasent les feuilles mortes autour de lui.

Vite, Olaf se réfugie près d'une rivière. Alors qu'il s'approche pour contempler son reflet, une forme menaçante apparaît sous l'eau. De plus en plus effrayé, le bonhomme de neige prend la fuite.

– Tout va bien, tout va bien, se répète-t-il afin de se rassurer.

C'est alors qu'un vent violent se lève et l'emporte auprès de ses amis.

Olaf est démantelé par la puissance du souffle. Elsa et ses compagnons tentent de lui porter secours, avant d'être également aspirés par le tourbillon. Elsa comprend qu'ils sont face à l'Esprit du Vent. Grâce à ses pouvoirs, elle écarte une branche d'arbre qui menaçait de s'écraser sur Anna. L'Esprit du Vent réagit en se concentrant sur Elsa et en expulsant les autres du vortex.

Le vent resserre son étreinte sur la jeune femme jusqu'à ce qu'elle ouvre les bras et projette toute sa magie. Le vent reflue, et la neige emplit l'air avant de former de magnifiques sculptures de glace.

– L’eau a de la mémoire, rappelle Olaf. Ces statues racontent le passé !
L’une d’elles montre le roi Agnarr adolescent, inconscient, dans les bras d’une jeune fille.

Soudain, un bruit se fait entendre dans les buissons.
Aussitôt, Anna attrape l'épée d'une des statues de glace et se retrouve face à un groupe de nomades.
Quand des soldats surgissent à leur tour, les deux sœurs comprennent qu'elles sont en présence des Northuldra et des Arendelliens de l'histoire de leur père !
Les deux peuples sont toujours en guerre.
– Mattias, ce sont nos prisonniers, pas les vôtres ! l'apostrophe Yelena, qui commande les Northuldra.

Mattias, le lieutenant des Arendelliens, semble familier à Anna… Tandis qu'il se dispute avec Yelena, la princesse se rapproche de lui, son épée à la main. Se sentant menacés, les deux clans veulent l'attaquer, mais Elsa les repousse à l'aide d'un impressionnant jet de glace.
– C'est de la magie, Yelena ! s'étonne Mattias.
– J'avais remarqué, merci, réplique-t-elle sèchement.

Curieux, Olaf en profite pour faire connaissance avec deux jeunes Northuldra qui lui paraissent sympathiques.
– Bonjour, je m'appelle Olaf, se présente-t-il. J'adore vos chapeaux !
– Je m'appelle Ryder, répond le jeune homme, surpris de discuter avec un bonhomme de neige. Et voici ma sœur, Honeymaren.

– Mattias, je vous reconnais ! s'exclame Anna. Votre portrait est accroché au château, vous faisiez partie de la garde officielle de notre père.
Le lieutenant est heureux d'apprendre que le prince Agnarr est devenu roi et qu'il a eu deux filles.
– D'où viennent vos pouvoirs ? demande Yelena à Elsa d'un ton soupçonneux. Pourquoi la nature aurait-elle fait un tel don à une Arendellienne ?
– Elsa est née ainsi, la défend Anna.

Elles sont interrompues par une vive lueur qui apparaît entre les arbres.

– L'Esprit du Feu ! hurle Yelena.

Enflammant tout sur son passage, une boule incandescente traverse la Forêt.

– Repliez-vous vers la rivière ! ordonne Mattias.

Tout le monde s'enfuit, sauf Elsa, qui étouffe l'incendie sous le givre. Réduit à une petite forme flamboyante, l'Esprit du Feu se cache derrière un rocher

Elsa découvre alors qu'il a l'apparence d'une minuscule salamandre. Hérissée de flammes, la créature la regarde, à la fois furieuse et effrayée. En signe de paix, Elsa lui tend la main. Attirée par la fraîcheur de sa paume, la salamandre s'y blottit. Ses flammes grésillent puis s'éteignent, à la stupeur des Northuldra et des Arendelliens.

Lorsque la mystérieuse voix retentit à nouveau,
Elsa et la salamandre se tournent dans sa direction.
– Toi aussi, tu l'entends ? s'étonne Elsa. Qui nous appelle ?
Que devons-nous faire ?
La salamandre saute sur le sol et fixe l'horizon.
– Nous devons continuer vers le Nord, comprend la jeune
femme en la regardant s'éloigner.

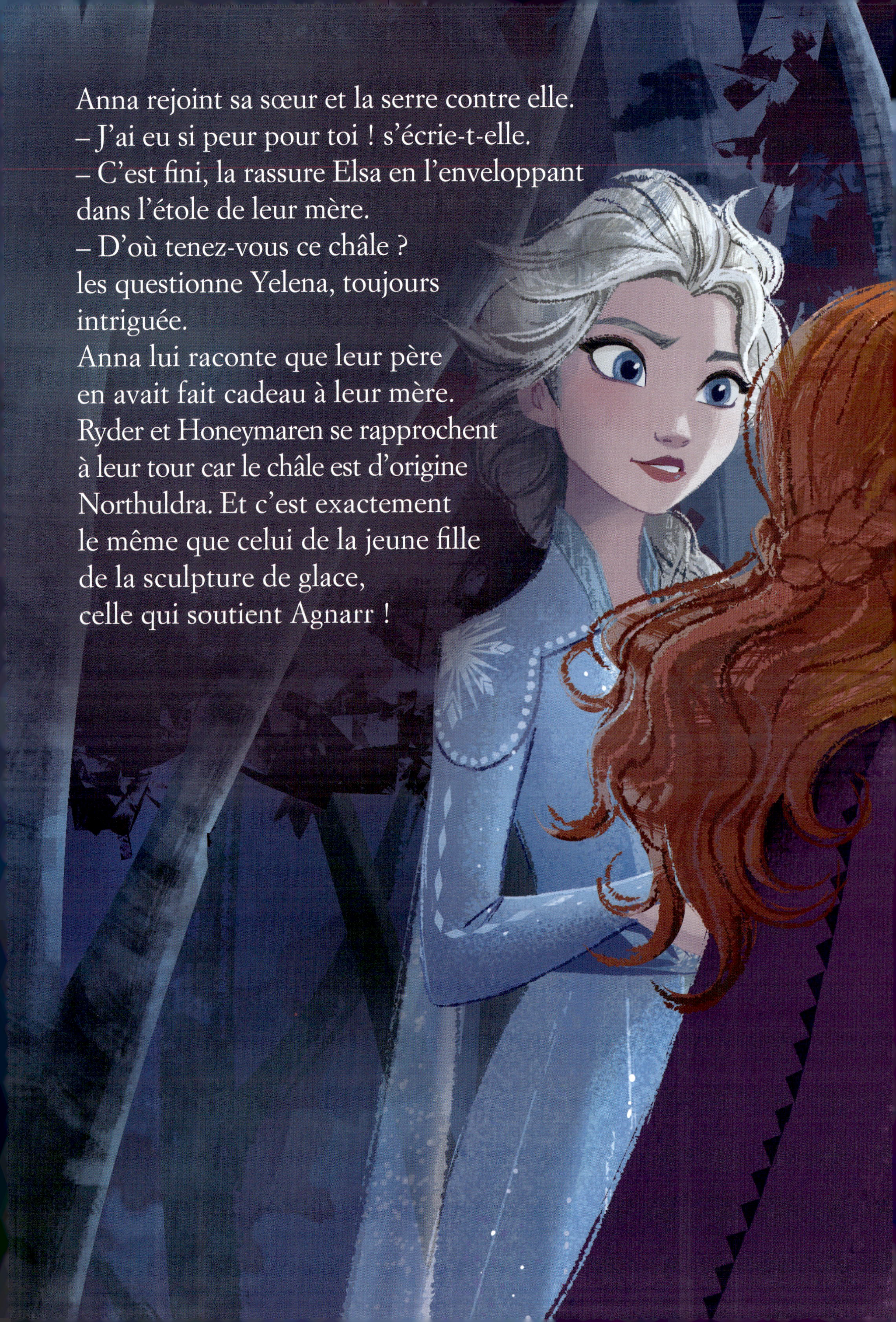

Anna rejoint sa sœur et la serre contre elle.
– J'ai eu si peur pour toi ! s'écrie-t-elle.
– C'est fini, la rassure Elsa en l'enveloppant dans l'étole de leur mère.
– D'où tenez-vous ce châle ? les questionne Yelena, toujours intriguée.
Anna lui raconte que leur père en avait fait cadeau à leur mère. Ryder et Honeymaren se rapprochent à leur tour car le châle est d'origine Northuldra. Et c'est exactement le même que celui de la jeune fille de la sculpture de glace, celle qui soutient Agnarr !

Stupéfaits, tous comprennent qu'une Northuldra a autrefois secouru le prince d'Arendelle. La colère des deux peuples ennemis s'apaise enfin. Les Northuldra commencent à chanter. Bouleversée, Yelena saisit la main des deux sœurs.
– Je ferai tout ce que je peux pour vous libérer, lui promet Elsa. Et pour sauver Arendelle, ajoute-t-elle à l'attention de Mattias.

Comme la nuit s'apprête à tomber, un camp s'improvise au cœur de la Forêt Enchantée. Olaf s'amuse avec les enfants, tandis que Kristoff se lie d'amitié avec Ryder.

– Je suis amoureux d'Anna, lui confie-t-il en lui montrant sa bague.

– Nous avons une magnifique tradition pour les demandes en mariage, lui révèle Ryder. Si nous commençons maintenant, nous serons prêts à l'aube…

À l'autre bout du camp, Anna écoute Mattias partager la sagesse qu'il a acquise.

– Au moment où l'on pense avoir trouvé sa voie, la vie nous oblige parfois à suivre un autre chemin, déclare-t-il.

Près du feu, Honeymaren explique à Elsa que les broderies du châle d'Iduna symbolisent les Esprits de la Nature :

– Outre les quatre éléments, il existe un cinquième Esprit appelé « le Pont », qui reliait la nature aux humains. Hélas, il a disparu parce que les peuples ont cessé de l'écouter.

À cet instant, le sol se met à trembler et des Géants de la Terre font leur apparition. Pour protéger le campement, Elsa projette deux boules de neige dans les airs. Intrigués, les Géants les suivent et s'éloignent. Elsa sent qu'elle peut les apaiser, comme elle l'a fait pour le vent et le feu.
– Je dois suivre cette voix que j'entends… Il faut partir tout de suite, avoue-t-elle à sa sœur.

Anna cherche Kristoff partout, en vain…
– Yelena, pouvez-vous dire à Kristoff que nous avons dû partir ? ajoute Anna avec regret.
Le lendemain matin, Yelena trouve Kristoff dans une clairière. Toute la nuit, il a décoré l'endroit pour demander Anna en mariage. Il est si triste…

… Anna aussi est peinée d'avoir laissé Kristoff. Elle aurait aimé qu'il soit avec eux, mais elle ne pouvait pas abandonner sa sœur.
Après avoir marché plusieurs heures, le trio aperçoit un bateau d'Arendelle échoué. Devinant qu'il s'agit du vaisseau naufragé de leurs parents, Anna et Elsa décident de l'explorer.

Elles dénichent une carte qui indique l’emplacement d’Ahtohallan, au Nord de la Mer Sombre. Ainsi, leurs parents cherchaient des réponses sur les pouvoirs d’Elsa !
La jeune femme utilise l’humidité de l’air pour matérialiser le voyage de leurs parents sous forme de sculptures de glace. La dernière statue montre Agnarr et Iduna enlacés, juste avant le naufrage…

Envahie par la culpabilité, Elsa court hors de l'épave.
– Tout est ma faute, sanglote-t-elle lorsque Anna pose doucement la main sur son épaule.
– Tu n'es pas responsable des choix de nos parents, lui rappelle sa sœur. Tu es la seule qui peut sauver Arendelle et libérer ceux qui sont retenus dans cette Forêt. J'ai confiance en toi.

Une fois de plus, Anna a su trouver les mots pour réconforter Elsa.

– Tu as raison, admet-elle, je vais trouver Ahtohallan, et je le ferai seule…

– Non ! proteste Anna. Je refuse de te perdre !

– Je ne pourrais pas non plus le supporter !

D'un geste vif, Elsa pousse Anna et Olaf dans une barque de glace qu'elle fait apparaître, avant de les propulser sur un chemin de gel pour les éloigner.

– Non ! crie Anna, en déviant leur trajectoire.
Emportée par la vitesse, leur embarcation dévale une pente et tombe au milieu d'une rivière.
Comme Olaf est terrifié, Anna s'efforce de le rassurer :
– Ne t'en fais pas, je promets de rester avec toi.

Alors que le bonhomme de neige s'apprête à parler,
Anna met la main sur sa bouche :
– Chut, Olaf ! Plus un bruit…
Leur barque passe au milieu des Géants de la Terre,
endormis sur les deux rives.
– Ils sont gigantesques, chuchote Olaf.

De son côté, Elsa a enfin atteint la Mer Sombre. Elle sait qu'au-delà des vagues, il y a l'île où se trouve Ahtohallan. Déterminée, la jeune femme ôte ses bottes et son manteau, puis elle attache ses cheveux. Elle recule ensuite pour prendre son élan et court vers les flots. À chaque foulée, une plaque de glace apparaît sous ses pieds, lui permettant d'avancer sur l'eau.

Cependant, les vagues sont trop hautes et Elsa est rejetée sur la plage.

Elle fait une nouvelle tentative. Cette fois-ci, elle gèle une vague qu'elle utilise comme un toboggan pour avancer. Au moment où la mer le détruit, Elsa plonge dans les flots, sans remarquer qu'une immense créature l'observe. C'est le Nokk, l'Esprit de l'Eau !

Malmenée par la houle, Elsa est attirée vers le fond. Un éclair zèbre le ciel, illuminant le Nokk. Il nage jusqu'à Elsa. Hostile, il la fixe droit dans les yeux, avant de disparaître. La jeune femme remonte à la surface et se raccroche à un fragment de banquise qu'elle a créé. Voyant que le Nokk s'apprête à la charger, Elsa tente de lui échapper sur un pont de glace.

Malheureusement, l'Esprit de l'Eau est si puissant qu'il percute la glace et la brise, précipitant Elsa dans les flots. Tout en luttant contre le Nokk, à la fois sous l'eau et à la surface, Elsa fait apparaître une bride de glace. Elle parvient à harnacher le Nokk et monte sur son dos. Au début, il rue pour la désarçonner. Mais Elsa tient bon. Le Nokk finit par se calmer et galope jusqu'à l'île.

Arrivée de l'autre côté de la Mer Sombre, Elsa ôte la bride du Nokk. Elle a atteint Ahtohallan ! La voix mystérieuse qui l'appelait s'est tue.
Pour la première fois de sa vie, Elsa est sereine. Ce périlleux voyage l'a transformée, libérée. Bientôt, ce sera le tour de la Forêt Enchantée et de ses prisonniers, car Elsa sait qu'avec Anna, elles ramèneront la paix et l'harmonie…

RETROUVEZ TOUS LES TITRES DE LA COLLECTION

Disney • CINÉMA

- ALADDIN
- ALICE AU PAYS DES MERVEILLES
- BAMBI
- BLANCHE-NEIGE ET LES SEPT NAINS
- CARS
- CARS 2
- CARS 3
- CASSE-NOISETTE ET LES QUATRE ROYAUMES
- CENDRILLON
- CLOCHETTE ET L'EXPÉDITION FÉERIQUE
- CLOCHETTE ET LA FÉE PIRATE
- CLOCHETTE ET LA PIERRE DE LUNE
- CLOCHETTE ET LE SECRET DES FÉES
- COCO
- DUMBO
- ELENA D'AVALOR
- LA BELLE AU BOIS DORMANT
- LA BELLE ET LA BÊTE
- LA BELLE ET LE CLOCHARD
- LA FÉE CLOCHETTE
- LA PETITE SIRÈNE
- LA PRINCESSE ET LA GRENOUILLE
- LA REINE DES NEIGES
- LA REINE DES NEIGES 2
- LA REINE DES NEIGES, JOYEUSES FÊTES AVEC OLAF
- LA REINE DES NEIGES, UNE FÊTE GIVRÉE
- LE LIVRE DE LA JUNGLE
- LE MONDE DE NEMO
- LE ROI LION
- LE VOYAGE D'ARLO
- LES 101 DALMATIENS
- LES ARISTOCHATS
- LES INDESTRUCTIBLES
- LES INDESTRUCTIBLES 2
- LES NOUVEAUX HÉROS
- MONSTRES & CIE
- PETER PAN
- PINOCCHIO
- RAIPONCE
- RATATOUILLE
- REBELLE
- STAR WARS, ÉPISODE 7
- STAR WARS, ÉPISODE 8
- TOY STORY 4
- VAIANA, LA LÉGENDE DU BOUT DU MONDE
- VICE-VERSA
- ZOOTOPIE

Édité par Hachette Livre – 58 rue Jean Bleuzen, 92178 Vanves – Imprimé par Rotolito en Italie – Achevé d'imprimer : octobre 2019
ISBN : 978-2-01-709476-0 – Édition : 01 – Dépôt légal : octobre 2019 – Loi n°49-956 du 16 juillet 1949 sur les publications destinées à la jeunesse.

Pour tout renseignement concernant nos parutions, nous contacter par téléphone au 01 43 92 38 88 ou par e-mail : disney@hachette-livre.fr

Pour l'éditeur, le principe est d'utiliser des papiers composés de fibres naturelles, renouvelables, recyclables et fabriquées à partir de bois issus de forêts qui adoptent un système d'aménagement durable. En outre, l'éditeur attend de ses fournisseurs de papier qu'ils s'inscrivent dans une démarche de certification environnementale reconnue.